Impressum
Verlag: BABADADA GmbH, Nedderfeld 112 , 22529 Hamburg
Geschäftsführer / Verlagsleitung: Harald Hof
Druck: Books on Demand GmbH, In de Tarpen 42, 22848 Norderstedt

Imprint
Publisher: BABADADA GmbH, Nedderfeld 112 , 22529 Hamburg, Germany
Managing Director / Publishing direction: Harald Hof
Print: Books on Demand GmbH, In de Tarpen 42, 22848 Norderstedt, Germany

学校

la escuela

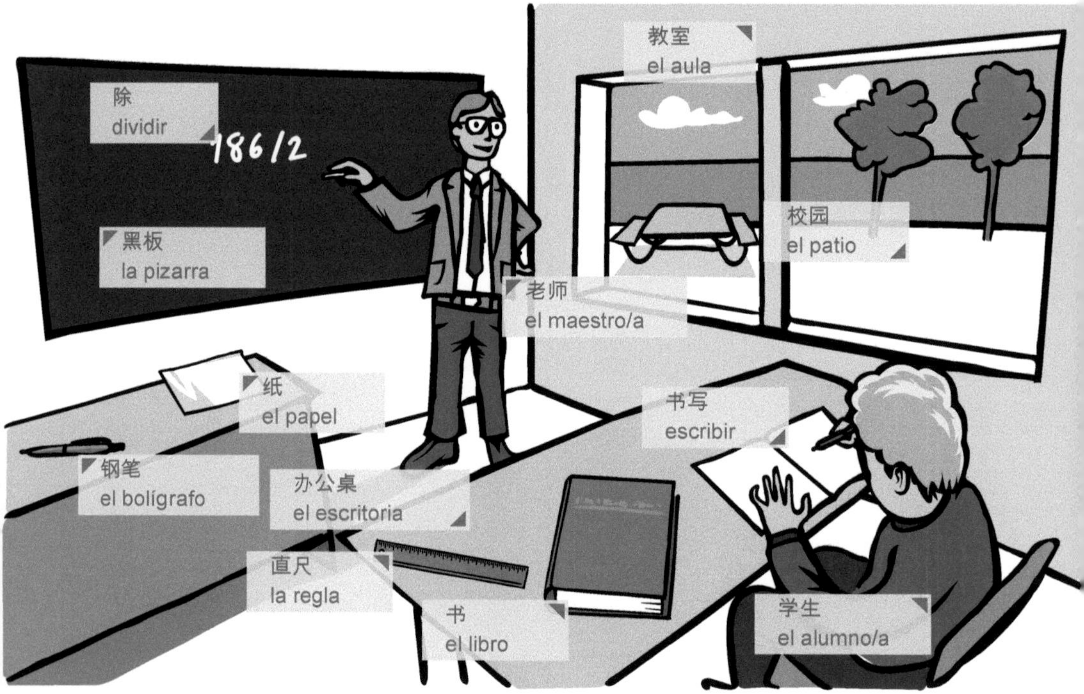
除
dividir
186/2
黑板
la pizarra
教室
el aula
校园
el patio
老师
el maestro/a
纸
el papel
书写
escribir
钢笔
el bolígrafo
办公桌
el escritoria
直尺
la regla
书
el libro
学生
el alumno/a

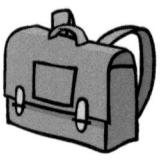

书包

la cartera

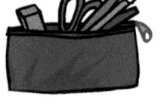

铅笔盒

la caja de lápices

铅笔

el lápiz

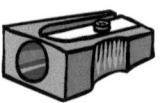

卷笔刀

el sacapuntas

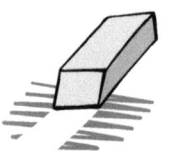

橡皮擦

la goma de borrar

画板

el cuaderno de dibujo

图画
el dibujo

画笔
el pincel

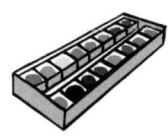

颜料盒
la caja de pinturas

剪刀
las tijeras

胶水
el pegamento

练习册
el cuaderno de ejercicios

家庭作业
los deberes

12

数字
el número

2+2

加
sumar

5-2

减
restar

2×2

乘
multiplicar

计算
calcular

A

字母
la letra

ABCDEFG
HIJKLMN
OPQRSTU
VWXYZ

字母表
el alfabeto

字
la palabra

学校 - la escuela

课文
el texto

读
leer

粉笔
la tiza

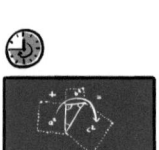

上课
la lección

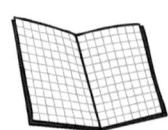

登记
el cuaderno de notas

考试
el examen

证书
el certificado

校服
el uniforme

教育
la educación

百科全书
la enciclopedia

大学
la universidad

显微镜
el microscopio

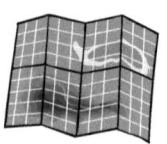

地图
el mapa

废纸筐
la papelera

旅行

el viaje

酒店
el hotel
Grand
青年旅社
el albergue
ROOMS
币兑换处
oficina de cambio de divisas
CHANGE
手提箱
la maleta
汽车
el coche

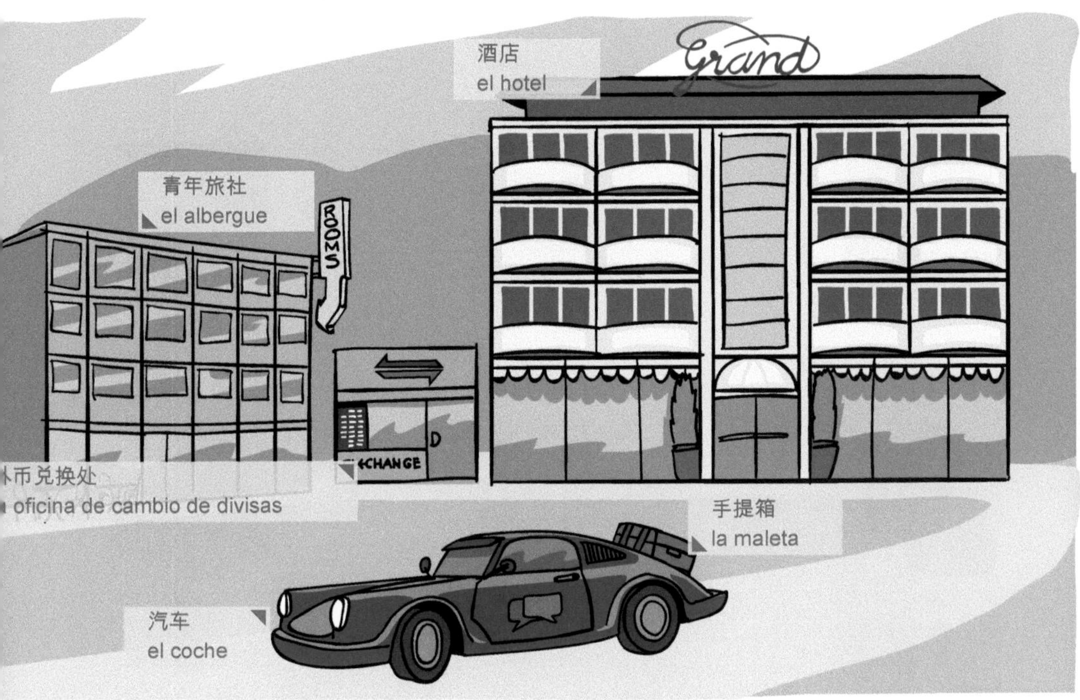

语言

el idioma

是/否

sí / no

好的

Vale

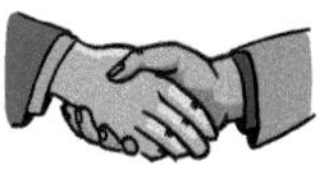

您好

hola

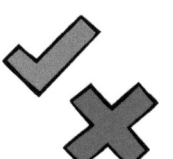

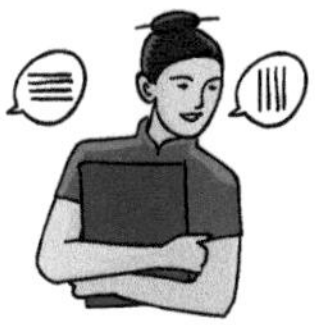

翻译员

el traductor

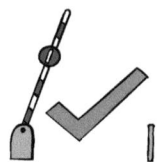

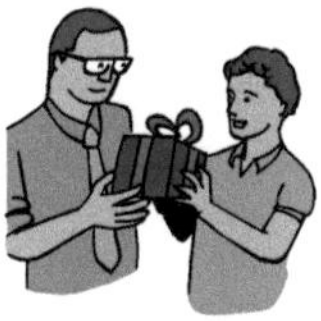

谢谢

Gracias

……多少钱？

¿cuánto es…?

我不明白

No entiendo

问题

el problema

晚上好！

¡Buenas tardes!

早上好！

¡Buenos días!

晚安！

¡Buenas noches!

再见

adiós

方向

la dirección

行李

el equipaje

包

la bolsa

双肩包

la mochila

客人

el invitado

房间

la habitación

睡袋

el saco de dormir

帐篷

la tienda de campaña

旅游信息

la información turística

海滩

la playa

信用卡

la tarjeta de crédito

早餐

el desayuno

午餐

el almuerzo

晚餐

la cena

票

el billete

电梯

el ascensor

邮票

el sello

边界

la frontera

海关

la aduana

大使馆

la embajada

签证

la visa

护照

el pasaporte

旅行 - el viaje

el transporte

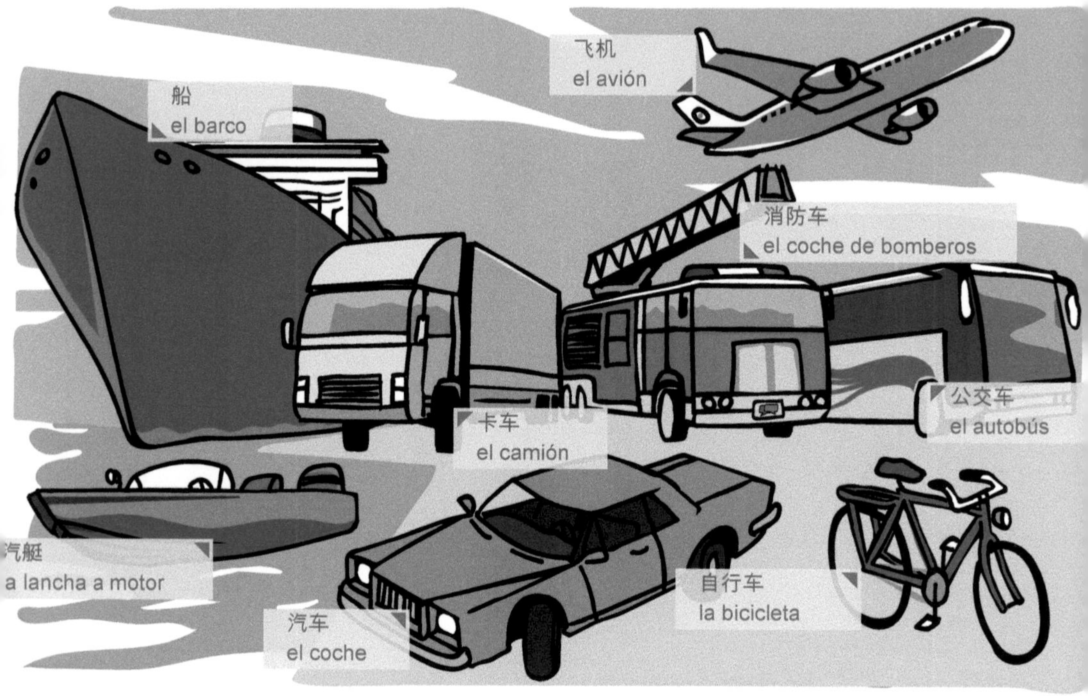

飞机
el avión

船
el barco

消防车
el coche de bomberos

公交车
el autobús

卡车
el camión

汽艇
la lancha a motor

自行车
la bicicleta

汽车
el coche

摆渡船

el transbordador

小船

la barca

摩托车

la moto

警车

el coche de policía

赛车

el coche de carreras

租车

el coche de alquiler

拼车

el préstamo de vehículos

拖车

la grúa

垃圾车

el camión de la basura

发动机

el motor

汽油

la gasolina

加油站

la gasolinera

交通标志

la señal de tráfico

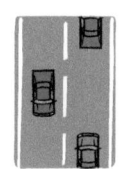

交通

el tráfico

交通堵塞

el atasco

停车场

el aparcamiento

火车站

la estación de tren

轨道

las vías

火车

el tren

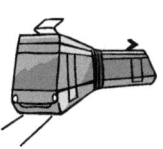

电车

el tranvía

货车

el vagón

交通运输 - el transporte

直升机

el helicóptero

机场

el aeropuerto

塔

la torre

乘客

el pasajero

集装箱

el contenedor

纸板箱

la caja de cartón

手推车

la carretilla

篮子

la cesta

起飞/降落

despegar / aterrizar

城市

la ciudad

村庄

el pueblo

市中心

el centro de la ciudad

房子

la casa

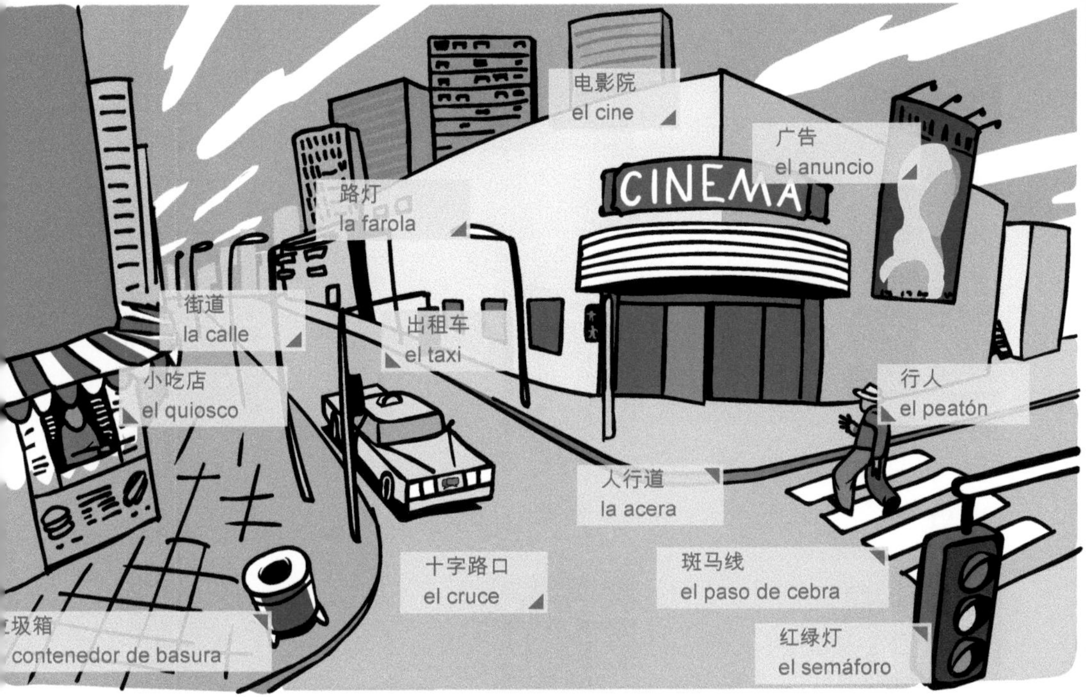

电影院
el cine

广告
el anuncio

路灯
la farola

街道
la calle

出租车
el taxi

小吃店
el quiosco

行人
el peatón

人行道
la acera

十字路口
el cruce

斑马线
el paso de cebra

垃圾箱
contenedor de basura

红绿灯
el semáforo

小屋
la cabaña

公寓
el apartamento

火车站
la estación de tren

市政厅
el ayuntamiento

博物馆
el museo

学校
la escuela

城市 - la ciudad

大学

la universidad

银行

el banco

医院

el hospital

酒店

el hotel

药房

la farmacia

办公室

la oficina

书店

la librería

商店

la tienda de campaña

花店

la floristería

超市

el supermercado

市场

el mercado

百货商店

los grandes almacenes

鱼店

la pescadería

购物中心

el centro comercial

海港

el puerto

公园

el parque

长凳

el banco

桥

el puente

楼梯

las escaleras

地铁

el metro

隧道

el túnel

公交车站

la parada de autobús

酒吧

el bar

餐馆

el restaurante

邮筒

el buzón

路标

el poste indicador

停车计时器

el parquímetro

动物园

el zoo

游泳馆

la piscina

清真寺

la mezquita

农场

la granja

污染

la contaminación

墓地

el cementerio

教堂

la iglesia

操场

el patio de juego

寺庙

el templo

地形

el paisaje

树叶
la hoja

指示牌
la señal

路
el camino

草地
el prado

石头
la piedra

树
el árbol

徒步旅行者
el excursionista

河
el río

草
la hierba

花
la flor

峡谷
el valle

山
la colina

湖
el lago

森林
el bosque

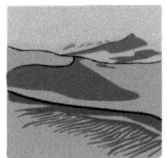

沙漠
el desierto

火山
el volcán

城堡
el castillo

彩虹
el arcoíris

蘑菇
el champiñón

棕榈树
la palmera

蚊子
el mosquito

苍蝇
la mosca

蚂蚁
la hormiga

蜜蜂
la abeja

蜘蛛
la araña

甲虫

el escarabajo

青蛙

la rana

松鼠

la ardilla

刺猬

el erizo

野兔

la liebre

猫头鹰

la lechuza

鸟

el pájaro

天鹅

el cisne

野猪

el jabalí

鹿

el ciervo

麋鹿

el alce

水坝

la presa

风力发电机

la turbina eólica

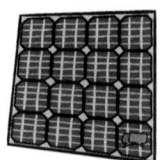

太阳能电池板

el panel solar

气候

el clima

服务员
el camarero

菜单
el menú

椅子
la silla

披萨饼
la pizza

汤
la sopa

桌布
el mantel

餐具
la cubertería

前菜

el primer plato

主菜

el plato principal

甜点

el postre

饮料

las bebidas

食物

la comida

瓶子

la botella

快餐

la comida rápida

街边小吃

la comida callejera

茶壶

la tetera

糖盒

el azucarero

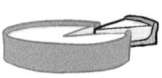

一份饭菜

la porción

意式咖啡机

la cafetera expreso

高脚椅

la trona

账单

la cuenta

托盘

la bandeja

刀

el cuchillo

餐叉

el tenedor

勺子

la cuchara

茶匙

la cucharilla

餐巾

la servilleta

玻璃杯

el vaso

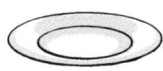

碟子

el plato

汤盘

el plato hondo

碟子

el platillo

酱

la salsa

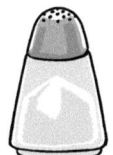

盐瓶

el salero

胡椒磨

el molinillo de pimienta

醋

el vinagre

食用油

el aceite

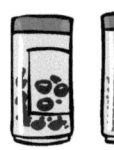

调味料

las especias

番茄酱

el ketchup

芥末

la mostaza

蛋黄酱

la mayonesa

超市

el supermercado

特价
la oferta especial
FOR
顾客
el cliente
乳制品
los lácteos
水果
la fruta
购物车
el carro de compra

BUTCHERS

肉铺

la carniceria

BAKERY

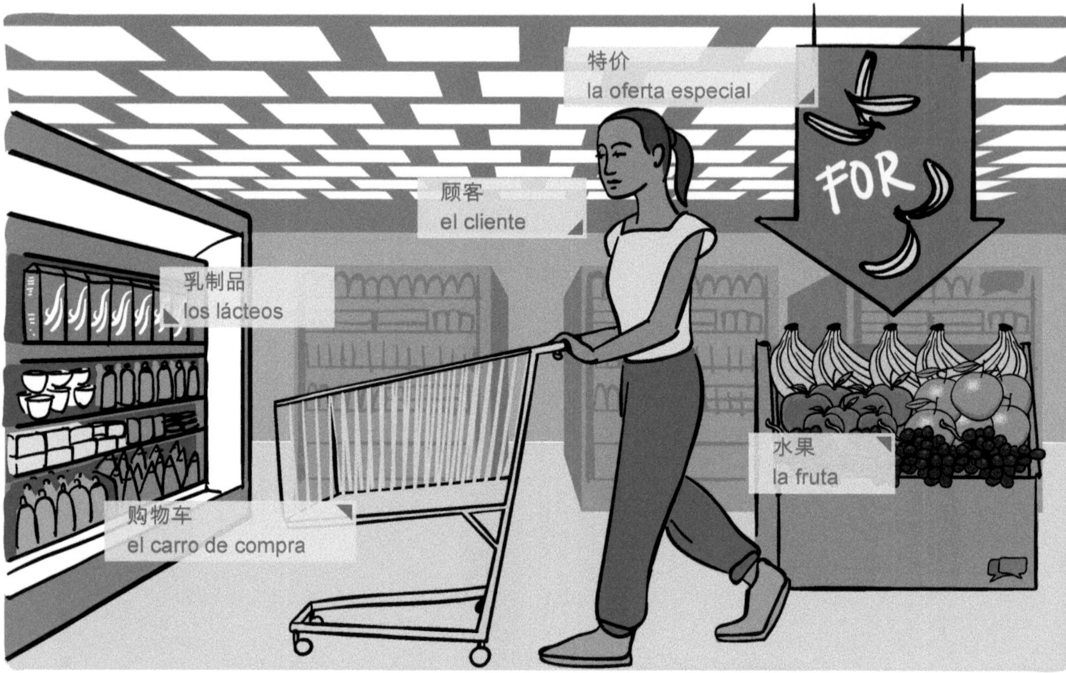

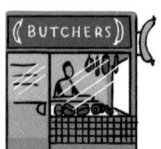

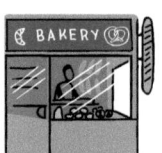

面包房

la panadería

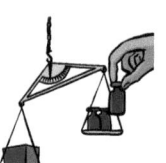

称重

pesar

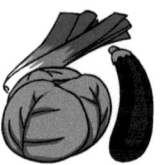

蔬菜

las verduras

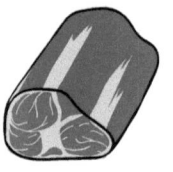

肉

la carne

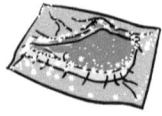

冷冻食品

los alimentos congelados

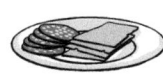

冷盘

los fiambres

罐头食品

las conservas

洗衣粉

el detergente en polvo

甜食

los dulces

日用品

productos de uso doméstico

清洁用品

productos de limpieza

销售员

la vendedora

收银机

la caja de cartón

收银员

el cajero

购物清单

la lista de la compra

开放时间

el horario de atención al público

钱包

la cartera

信用卡

la tarjeta de crédito

袋子

la bolsa de plástico

塑料袋

la bolsa de plástico

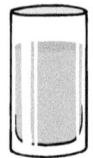

水

el agua

果汁

el zumo

牛奶

la leche

可乐

la cola

红酒

el vino

啤酒

la cerveza

酒

el alcohol

可可

el cacao

茶

el té

咖啡

el café

意式浓缩咖啡

el expreso

卡布奇诺

el capuchino

香蕉
el plátano

苹果
la manzana

橙子
la naranja

西瓜
el melón

柠檬
el limón

胡萝卜
la zanahoria

大蒜
el ajo

竹子
el bambú

洋葱
la cebolla

蘑菇
el champiñón

坚果
las avellanas

面条
los fideos

意大利面条

las espagueti

米饭

el arroz

沙拉

la ensalada

薯条

las patatas fritas

炸土豆

las patatas fritas

披萨饼

la pizza

汉堡包

la hamburguesa

三明治

el sándwich

炸猪排

el filete

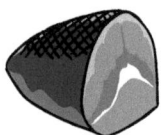

火腿

el jamón

萨拉米

le salami

香肠

la salchicha

鸡肉

el pollo

烤肉

el asado

鱼

el pescado

燕麦片

los copos de avena

穆兹利

el muesli

玉米片

los copos de maíz

面粉

la harina

羊角面包

el cruasán

面包卷

el panecillo

面包

el pan

烤面包

la tostada

饼干

las galletas

黄油

la mantequilla

凝乳

la cuajada

蛋糕

el pastel

蛋

el huevo

煎蛋

el huevo frito

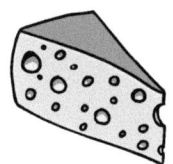

奶酪

el queso

食物 - la comida

冰激凌
el helado

糖
el azúcar

蜂蜜
la miel

果酱
la mermelada

巧克力酱
la crema de turrón

咖喱饭
el curry

农场
la granja

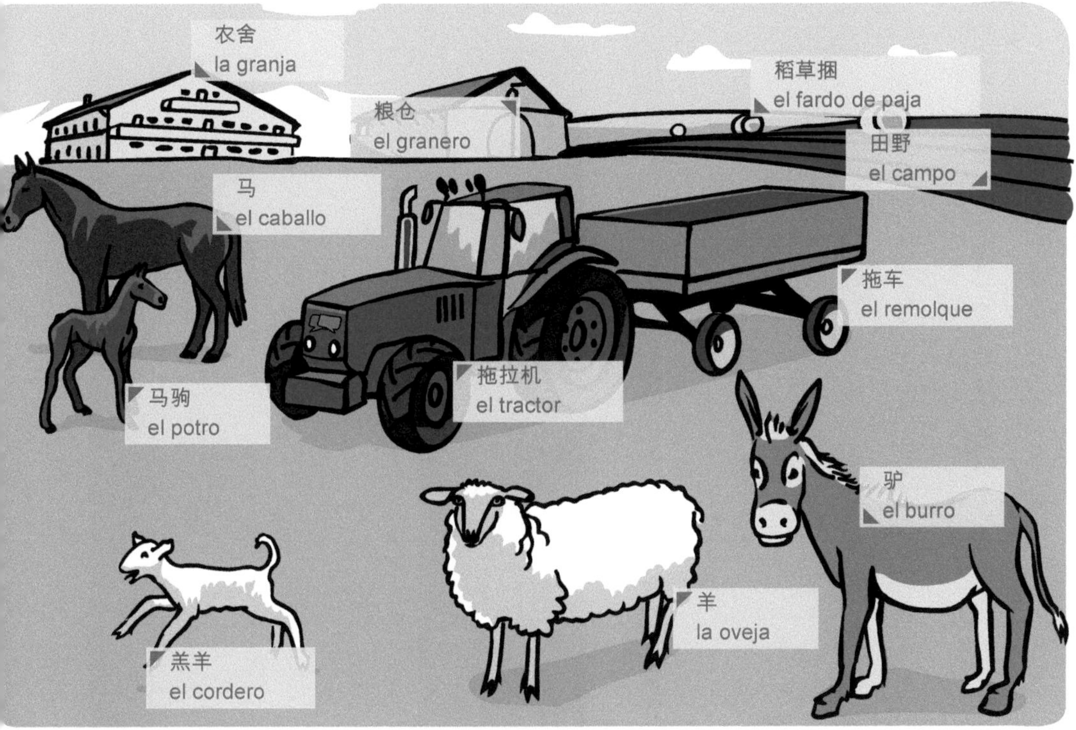

农舍
la granja
稻草捆
el fardo de paja
粮仓
el granero
田野
el campo
马
el caballo
拖车
el remolque
马驹
el potro
拖拉机
el tractor
驴
el burro
羊
la oveja
羔羊
el cordero

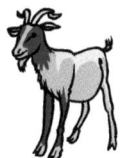

山羊

la cabra

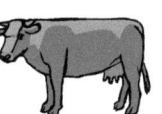

奶牛

la vaca

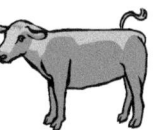

牛犊

el ternero

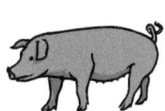

猪

el cerdo

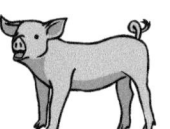

小猪

el cerdito

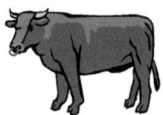

公牛

el toro

鹅
el ganso

鸭
el pato

小鸡
el pollo

母鸡
la gallina

公鸡
el gallo

鼠
la rata

猫
el gato

老鼠
el ratón

牛
el buey

狗
el perro

狗屋
la perrera

花园浇水软管
la manguera

洒水壶
la regadera

长柄大镰刀
la guadaña

犁
el arado

28

农场 - la granja

镰刀

la hoz

锄头

la azada

长柄草耙

la horca

斧头

el hacha

独轮手推车

la carretilla

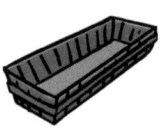

饲料槽

el abrevadero

牛奶罐

la lechera

麻布袋

el saco

栅栏

la valla

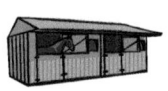

马厩

el establo

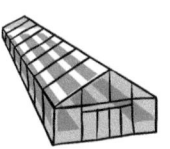

温室

el invernadero

土壤

el suelo

种子

la semilla

肥料

el fertilizador

联合收割机

la cosechadora

农场 - la granja 29

收割

cosechar

收割

la cosecha

山药

el ñame

小麦

el trigo

大豆

el soja

土豆

la patata

玉米

el maíz

油菜籽

la semilla de colza

果树

el árbol frutal

树薯

la mandioca

谷物

las cereales

房子
la casa

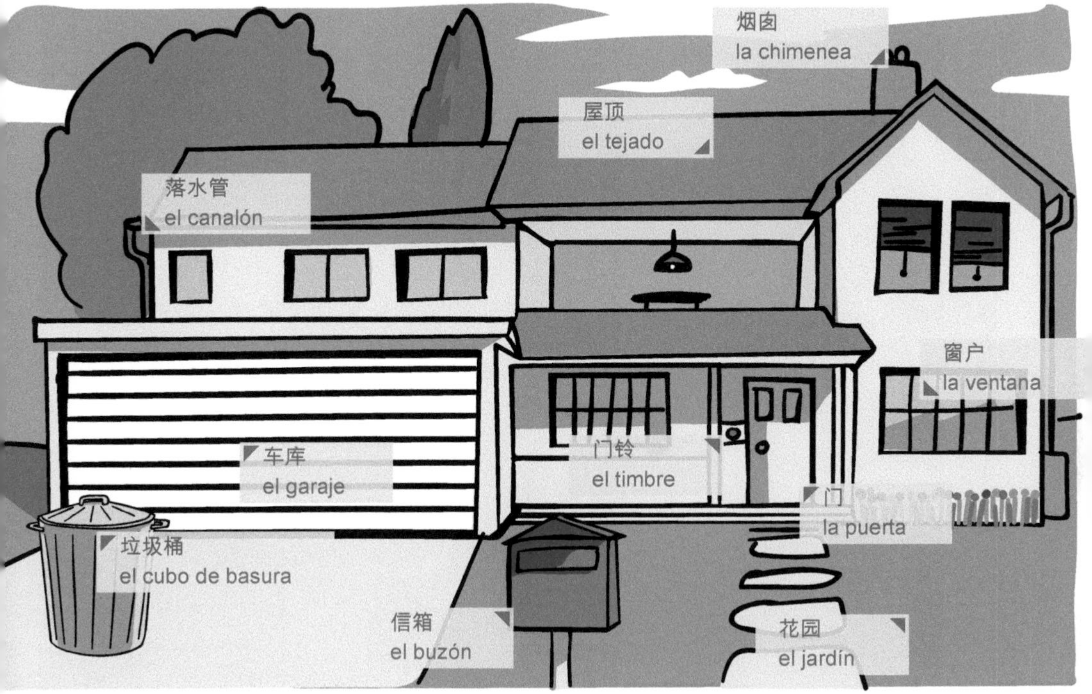
烟囱
la chimenea
屋顶
el tejado
落水管
el canalón
窗户
la ventana
车库
el garaje
门铃
el timbre
门
la puerta
垃圾桶
el cubo de basura
信箱
el buzón
花园
el jardín

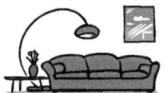

客厅

la sala

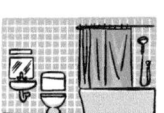

浴室

el cuarto de baño

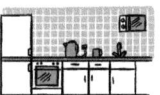

厨房

la cocina

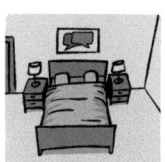

卧室

el dormitorio

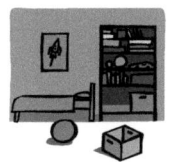

儿童房

la habitación de los niños

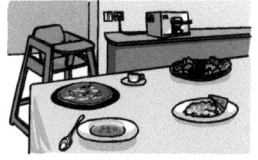

餐厅

el comedor

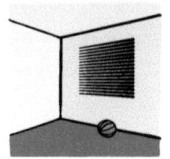

地板

el suelo

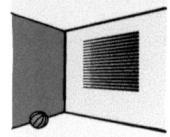

墙壁

la pared

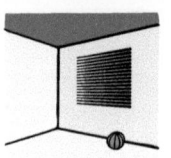

吊顶

el techo

地窖

el sótano

桑拿

la sauna

阳台

el balcón

露台

la terraza

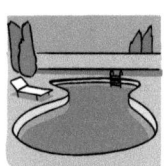

游泳池

la piscina

割草机

el cortacésped

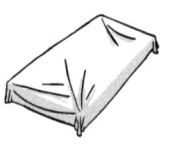

被单

la sábana

床罩

la colcha

床

la cama

扫帚

la escoba

水桶

el balde

开关

el interruptor

客厅
la sala

壁纸
el papel pintado
照片
la imagen
台灯
la lámpara
搁架
el estante
橱柜
el armario
电视机
la televisión
壁炉
la chimenea
花
la flor
垫子
el cojín
沙发
el sofá
花瓶
el jarrón
遥控器
el mando a distancia

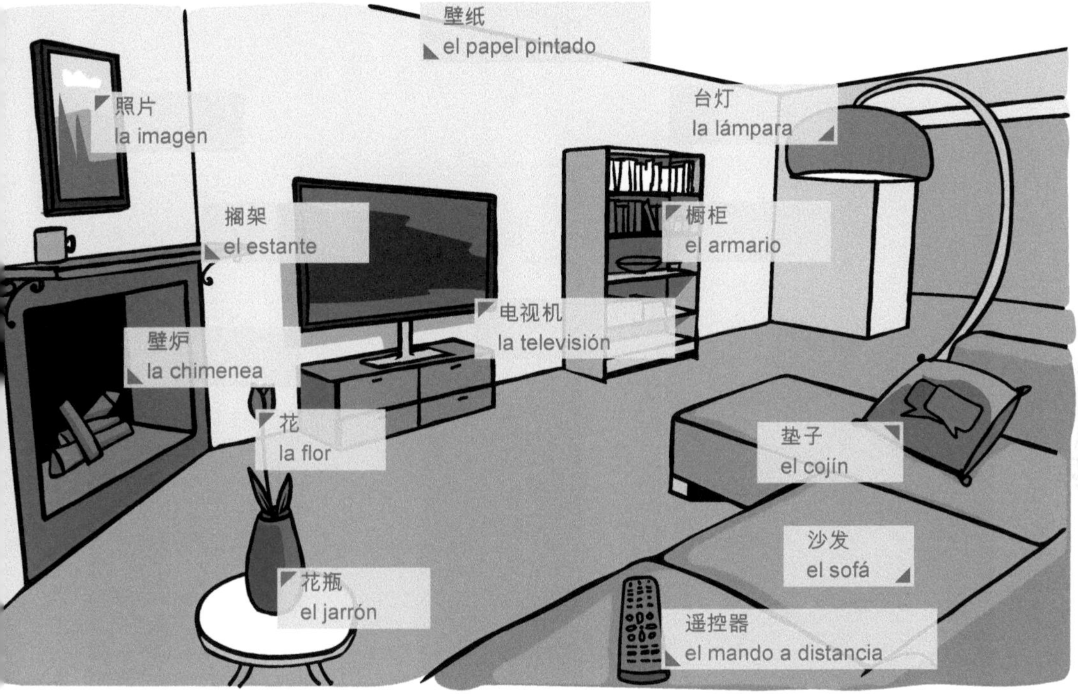

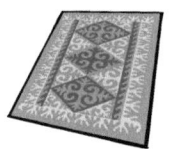

地毯

la alfombra

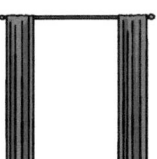

窗帘

la cortina

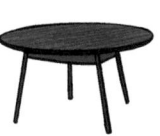

餐桌

la mesa

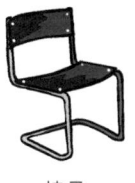

椅子

la silla

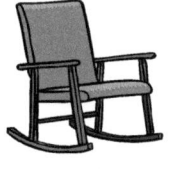

摇椅

el mecedora

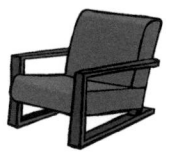

扶手椅

la butaca

书
el libro

毯子
la manta

装饰品
la decoración

木柴
la leña

电影
la película

高保真音响
el equipo de música

钥匙
la llave

报纸
el periódico

油画
la pintura

海报
el póster

收音机
la radio

笔记本
el cuaderno

吸尘器
la aspiradora

仙人掌
el cactus

蜡烛
la vela

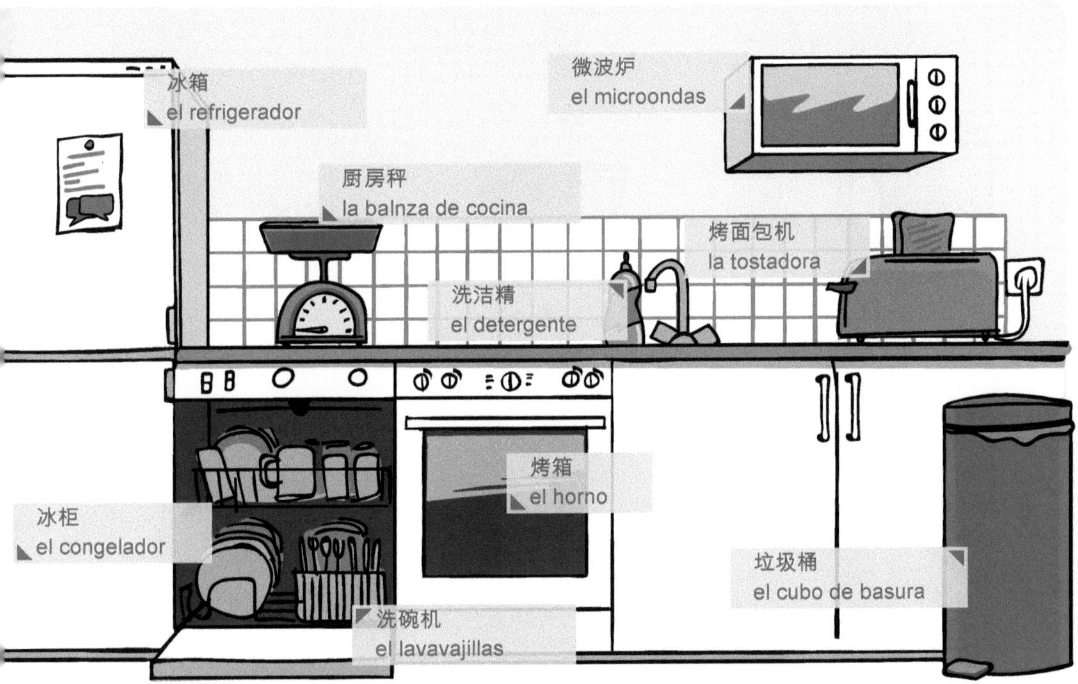

冰箱
el refrigerador

微波炉
el microondas

厨房秤
la balnza de cocina

烤面包机
la tostadora

洗洁精
el detergente

冰柜
el congelador

烤箱
el horno

垃圾桶
el cubo de basura

洗碗机
el lavavajillas

炊具

la olla a presión

锅

la olla

铸铁锅

la olla de hierro fundido

炒锅

el wok

平底锅

la cazuela

水壶

el hervidor

蒸锅

la vaporera

烤盘

la chapa de horno

陶瓷锅

la vajilla

马克杯

la taza

碗

el tazón

筷子

los palillos

长柄勺

el cucharón

铲子

la espumadera

搅拌器

el batidor

滤网

el colador

筛子

el cedazo

磨碎机

el rallador

研钵

el mortero

烧烤

la barbacoa

明火

la hoguera

菜板

la tabla de picar

擀面杖

el rodillo

开瓶器

el sacacorchos

罐子

la lata

开罐器

el abrelatas

隔热手套

el agarrador

水槽

el lavabo

刷子

el cepillo

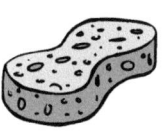

海绵

la esponja

搅拌机

la batidora

冷藏箱

el congelador

奶瓶

el biberón

水龙头

el grifo

浴室

el cuarto de baño

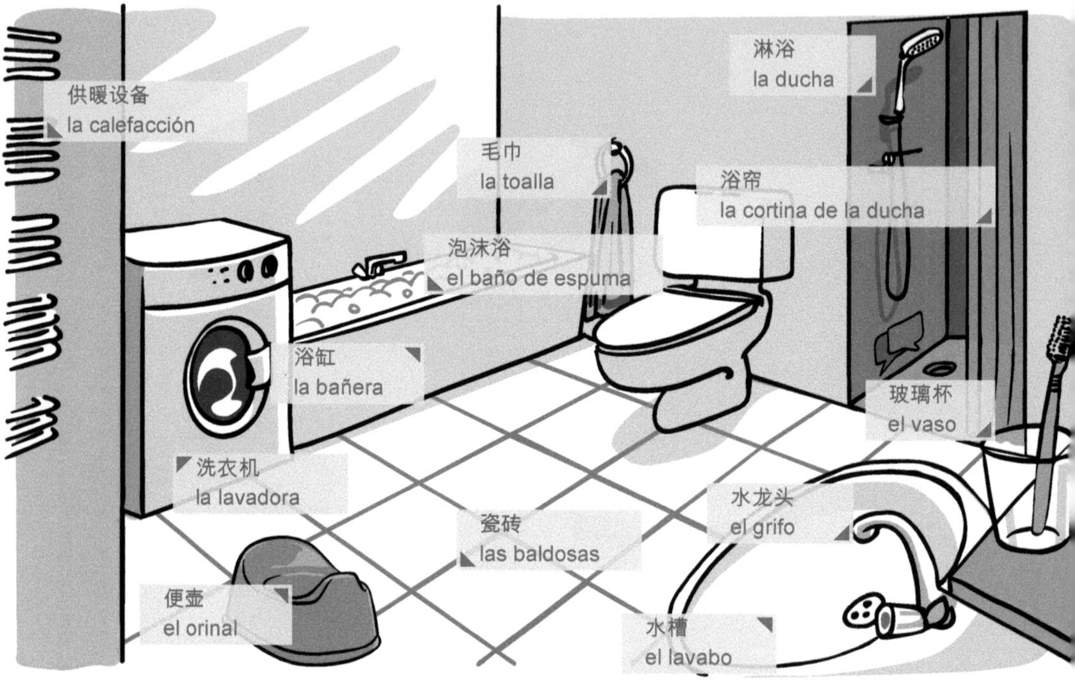

供暖设备
la calefacción
淋浴
la ducha
毛巾
la toalla
浴帘
la cortina de la ducha
泡沫浴
el baño de espuma
浴缸
la bañera
玻璃杯
el vaso
洗衣机
la lavadora
水龙头
el grifo
瓷砖
las baldosas
便壶
el orinal
水槽
el lavabo

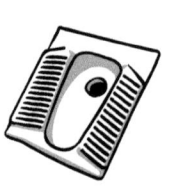

厕所

el inodoro

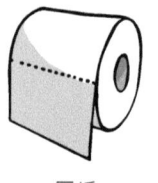

蹲便器

el inodoro rústico

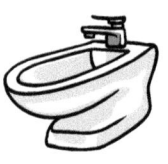

坐浴器

el bidé

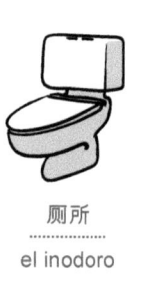

小便池

el urinario

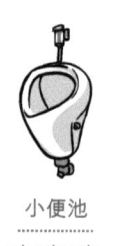

厕纸

el papel higiénico

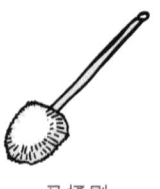

马桶刷

la escobilla del váter

牙刷

el cepillo de dientes

牙膏

la pasta de dientes

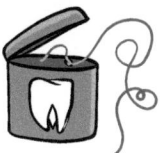

牙线

el hilo dental

洗

lavar

手持式喷淋头

la ducha de mano

冲洗器

la ducha íntima

洗脸盆

la pila

擦背刷

el cepillo de espalda

肥皂

el jabón

沐浴露

el gel de ducha

洗发水

el champú

法兰绒

la toallita

排水

el desagüe

乳霜

la crema

除臭剂

el desodorante

浴室 - el cuarto de baño

镜子

el espejo

手镜

el espejo de tocador

剃须刀

la maquinilla de afeitar

剃须泡沫

la espuma de afeitar

须后水

la loción postafeitado

梳子

el peine

刷子

el cepillo

吹风机

el secador

喷发定型剂

la laca

化妆品

el maquillaje

唇膏

el pintalabios

指甲油

el pintauñas

化妆棉

el algodón

指甲剪

el cortauñas

香水

el perfume

浴室 - el cuarto de baño

洗漱包

el estuche de viaje

凳子

la banqueta

计重秤

la balanza

浴袍

el albornoz

橡胶手套

los guantes de goma

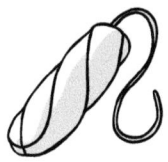

卫生棉条

el tampón

卫生巾

la compresa

化学厕所

el inodoro químico

浴室 - el cuarto de baño

儿童房
la habitación de los niños

闹钟
el despertador
毛绒玩具
el peluche
玩具车
el coche de juguete
拨浪鼓
el sonajero
玩具屋
la casa de muñecas
礼物
el regalo

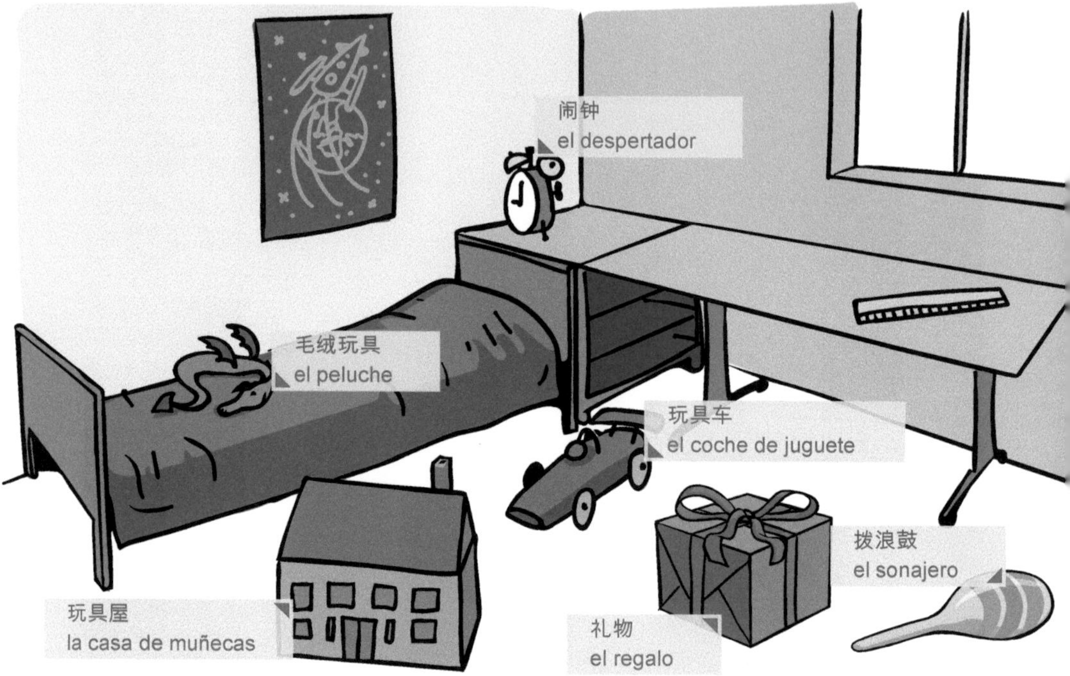

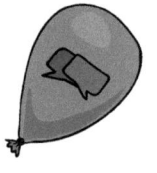

气球

el globo

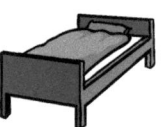

床

la cama

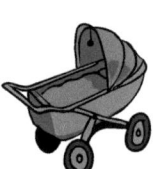

（洋娃娃用）婴儿车

el coche de niño

扑克牌

los naipes

拼图

el puzle

SUPER
MEGA

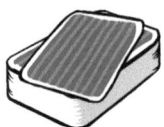

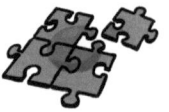

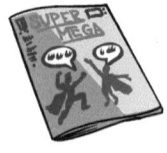

漫画

el tebeo

乐高积木

las piezas de lego

积木玩具

los bloques de juguete

玩具人

la figura de acción

婴儿服

el bodi (de bebé)

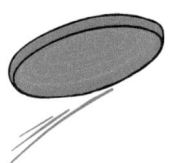

飞盘

el frisbee

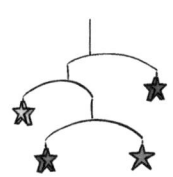

床铃玩具

el colgador móvil para
bebés

棋盘游戏

el juego de mesa

骰子

los dados

火车模型

el circuito de tren eléctrico

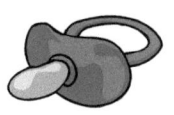

安抚奶嘴

el maniquí

聚会

la fiesta

绘本

el álbum de fotos

球

la pelota

洋娃娃

la muñeca

玩

jugar

沙坑

el cajón de arena

秋千

el columpio

玩具

los juguetes

游戏机

la videoconsola

三轮车

el triciclo

泰迪熊

el oso de peluche

衣柜

la guardarropa

衣服

la ropa

袜子

los calcetines

长袜

las medias

紧身裤

los leotardos

围巾
la bufanda

雨伞
el paraguas

T恤
la camiseta

皮带
el cinturón

运动鞋
las deportivas

靴子
las botas

拖鞋
las zapatillas

凉鞋
las sandalias

鞋
los zapatos

雨靴
las botas de goma

内裤
el slip

胸罩
el sostén

背心
el chaleco

衣服 - la ropa

45

身体
el bodi

裤子
los pantalones cortos

牛仔裤
los vaqueros

短裙
la falda

女式衬衫
la blusa

衬衫
la camisa

套头衫
el jersey

卫衣
el suéter

西装夹克
el blazer

夹克
la chaqueta

外套
el abrigo

雨衣
la gabardina

套装
el traje

连衣裙
el vestido

婚纱
el vestido de novia

西装
el traje

睡袍
el camisón

睡衣
el pijama

莎丽
el sati

头巾
el bandana

包头巾
el turbante

波卡
la burka

卡夫坦
el caftán

(阿拉伯式)长袍
la abaya

泳衣
el traje de baño

男式泳裤
el bañador

短裤
los pantalones cortos

运动服
el chándal

围裙
el delantal

手套
los guantes

纽扣

el botón

眼镜

las gafas

手链

el brazalete

项链

el collar

戒指

el anillo

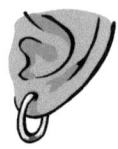

耳环

el pendiente

便帽

la gorra

衣架

la percha

帽子

el sombrero

领带

la corbata

拉链

la cremallera

头盔

el casco

背带

los tirantes

校服

el uniforme

制服

el uniforme

围兜
el babero

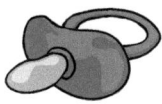

安抚奶嘴
el maniquí

尿不湿
el pañal

办公室
la oficina

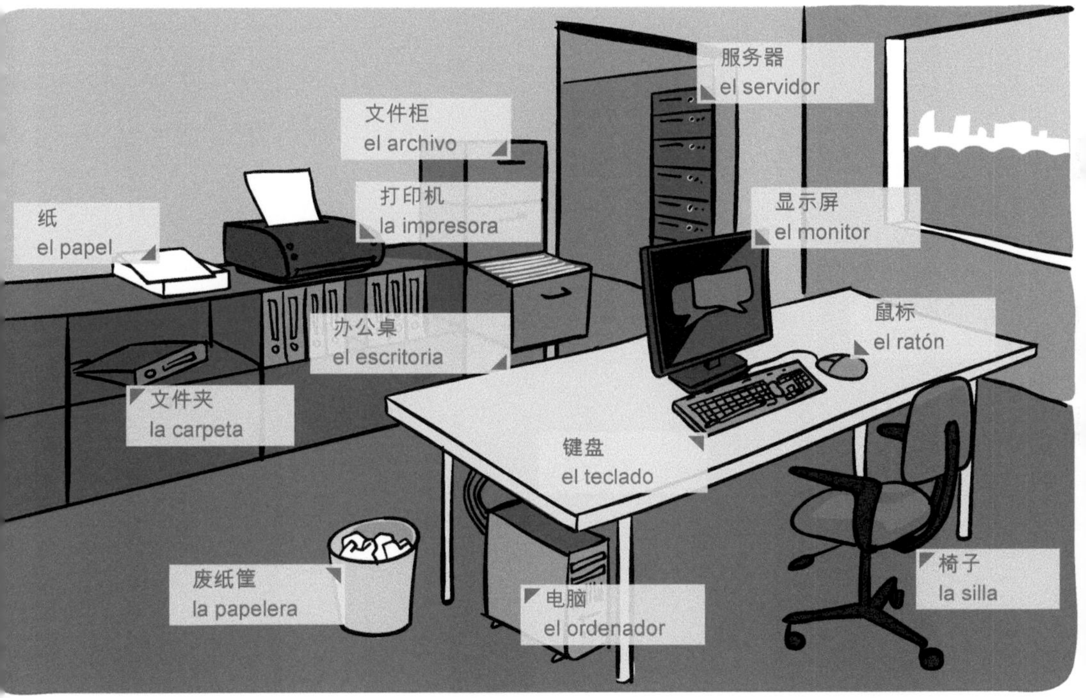

服务器
el servidor

文件柜
el archivo

打印机
la impresora

纸
el papel

显示屏
el monitor

鼠标
el ratón

办公桌
el escritoria

文件夹
la carpeta

键盘
el teclado

椅子
la silla

废纸筐
la papelera

电脑
el ordenador

咖啡杯
la taza de café

计算器
la calculadora

因特网
el internet

笔记本电脑

el portátil

信件

la carta

消息

el mensaje

手机

el móvil

网络

la red

复印机

la fotocopiadora

软件

el software

电话

el teléfono

插座

la toma de corriente

传真机

el fax

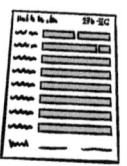

表格

el formulario

文件

el documento

买

comprar

付钱

pagar

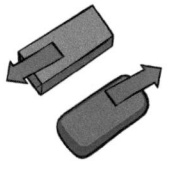

交易

comerciar

现金

el dinero

美元

el dólar

欧元

el euro

日元

el yen

卢布

el rublo

瑞士法郎

el franco suizo

人民币

el renminbi yuan

卢比

la rupia

提款处

el cajero automático

外币兑换处
la oficina de cambio de divisas

金
el oro

银
la plata

石油
el petróleo

能源
la energía

价格
el precio

合同
el contrato

税金
el impuesto

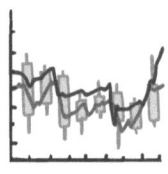

股票
la acción

工作
trabajar

职员
el empleador

老板
el empleador

工厂
la fábrica

商店
la tienda de campaña

警官
el agente de policía

消防员
el bombero

飞行员
el piloto

医生
el médico

厨师
el cocinero

园丁

el jardinero

木匠

el carpintero

裁缝

la costurera

法官

el juez

化学家

el farmacéutico

演员

el actor

公交车司机

el conductor de autobús

出租车司机

el taxista

渔夫

el pescador

清洁女工

la señora de la limpieza

屋顶工

el techador

服务员

el camarero

猎人

el cazador

画家

el pintor

面包师

el panadero

电工

el electricista

建筑工人

el obrero

工程师

el ingeniero

屠夫

el carnicero

水管工

el fontanero

邮递员

el cartero

士兵

el soldado

建筑师

el arquitecto

收银员

el cajero

花农

el florista

理发师

el peluquero

售票员

el revisor

机械师

el mecánico

船长

el capitán

牙医

el dentista

科学家

el científico

拉比

el rabino

伊玛目

el imán

和尚

el monje

牧师

el sacerdote

工具
las herramientas

铁锤
el martillo
钳子
los alicates
螺丝刀
el destornillador
扳手
la llave
手电筒
la linterna

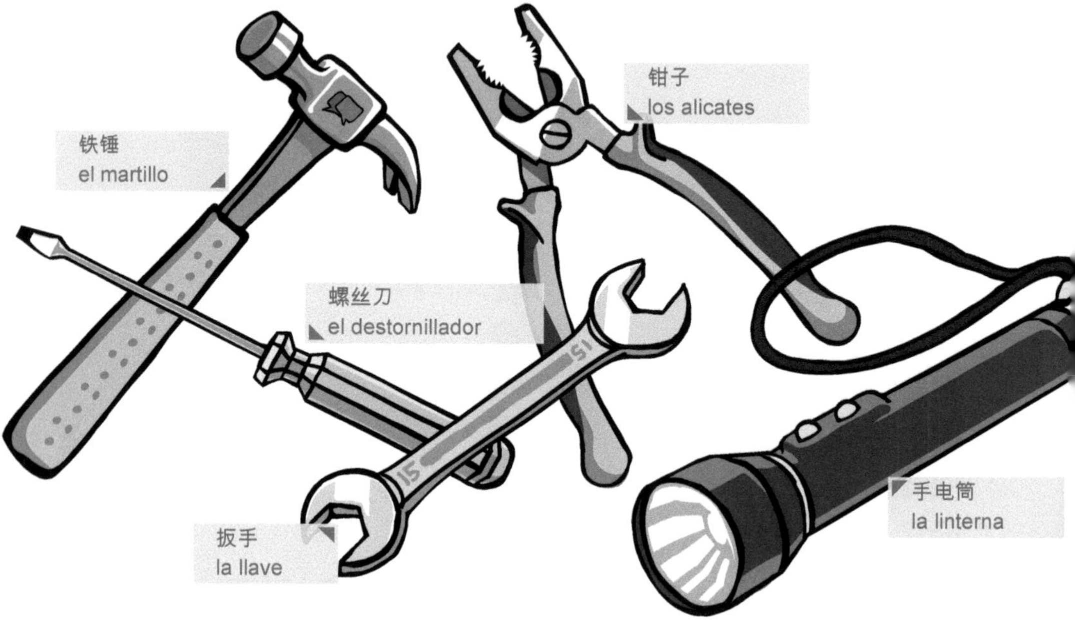

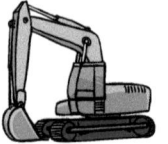

挖掘机

la excavadora

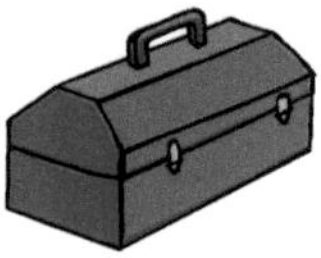

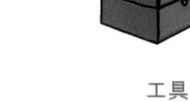

工具箱

la caja de herramientas

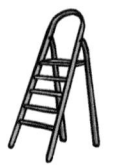

梯子

la escalera de mano

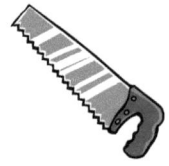

锯子

la sierra

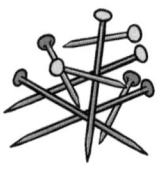

钉子

los clavos

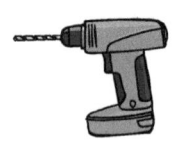

钻机

el taladro

修
reparar

铲子
la pala

靠！
¡Maldita sea!

簸箕
el recogedor

油漆桶
el bote de pintura

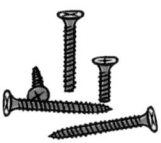

螺丝
los tornillos

乐器
los instrumentos musicales

打击乐器
la batería

扬声器
el altavoz

吉他
la guitarra

低音提琴
el contrabajo

小号
la trompeta

钢琴

el piano

小提琴

el violín

贝斯

bajo

定音鼓

los timbales

鼓

el tambor

电子琴

el teclado

萨克斯管

el saxofón

长笛

la flauta

麦克风

el micrófono

入口
la entrada

老虎
el tigre

笼子
la jaula

斑马
la cebra

动物饲料
el pienso

熊猫
el panda

动物

los animales

大象

el elefante

袋鼠

el canguro

犀牛

el rinoceronte

大猩猩

el gorila

熊

el oso

骆驼

el camello

蛇鸟

el avestruz

狮子

el león

猴子

el mono

火烈鸟

el flamingo

鹦鹉

el loro

北极熊

el oso polar

企鹅

el pingüino

鲨鱼

el tiburón

孔雀

el pavo real

蛇

la serpiente

鳄鱼

el cocodrilo

动物园管理员

el guardián de zoológico

海豹

la foca

美洲豹

el jaguar

矮种马

el poni

豹

el leopardo

河马

el hipopótamo

长颈鹿

la jirafa

老鹰

el águila

野猪

el jabalí

鱼

el pescado

龟

la tortuga

海象

la morsa

狐狸

el zorro

羚羊

la gacela

动物园 - el zoo

los deportes

橄榄球
el fútbol americano

骑自行车
el ciclismo

网球
el tenis

篮球
el baloncesto

游泳
la natación

拳击
el boxeo

冰球
el hockey sobre hielo

英式足球
el fútbol

羽毛球
el bádminton

田径
el atletismo

手球
el balonmano

滑雪
el esquí

马球
el polo

笑
reír

跳
saltar

拥抱
abrazar

走路
caminar

唱
cantar

做梦
soñar

祈祷
rezar

亲吻
besar

书写
escribir

画
dibujar

展示
mostrar

推
empujar

给
dar

拿
tomar

有
tener

做
hacer

当
ser

站
estar de pie

跑
correr

拉
tirar

扔
tirar

摔倒
caer

躺
yacer

等待
esperar

携带
llevar

坐
estar sentado

穿衣
vestirse

睡觉
dormir

醒来
despertar

看
mirar

哭
llorar

抚摸
acariciar

梳头
peinar

交谈
hablar

明白
entender

问
preguntar

听
escuchar

喝
beber

吃
comer

清理
ordenar

爱
amar

做饭
cocinar

开车
conducir

飞
volar

航行

navegar

计算

calcular

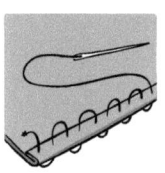

读

leer

学习

aprender

工作

trabajar

结婚

casarse

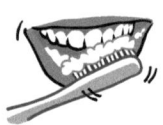

缝

coser

刷牙

cepillarse los dientes

杀

matar

抽烟

fumar

寄

enviar

la familia

祖母
la abuela

祖父
el abuelo

父亲
el padre

母亲
la madre

婴童
el bebé

女儿
la hija

儿子
el hijo

客人
el invitado

阿姨
la tía

叔叔
el tío

兄弟
el hermano

姐妹
la hermana

el cuerpo

前额
la frente
眼睛
el ojo
肩膀
el hombro
手指
el dedo
脸
la cara
下巴
la barbilla
手
la mano
腿
la pierna
乳房
el pecho
手臂
el brazo

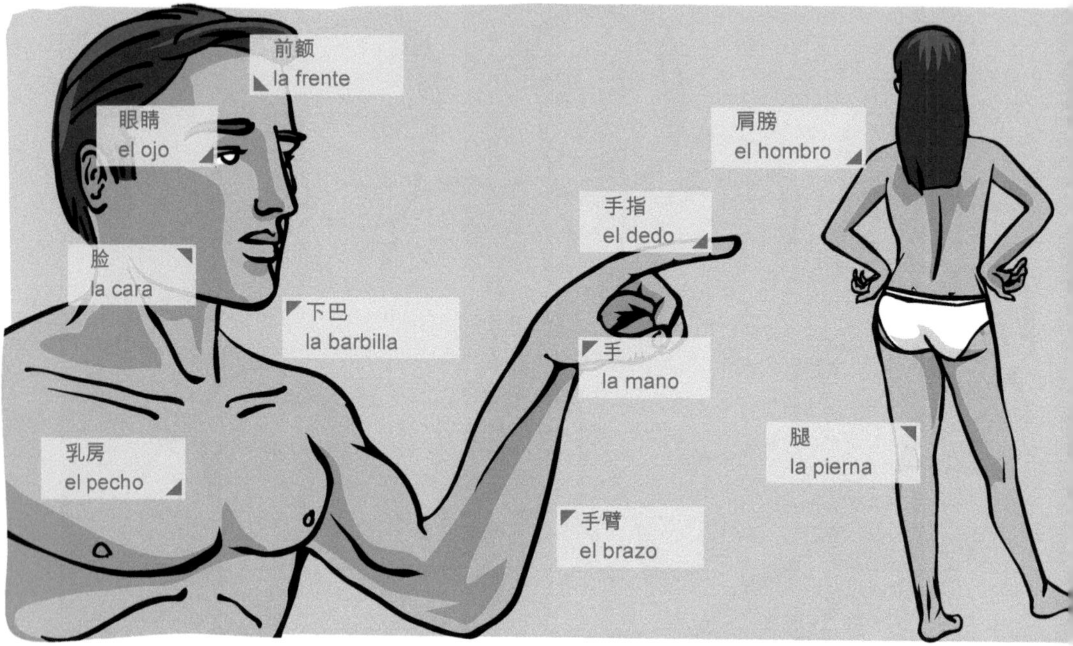

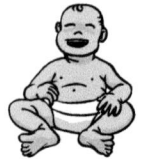

婴童

el bebé

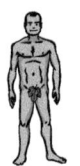

男人

el hombre

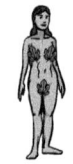

女人

la mujer

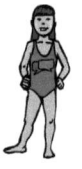

女孩

la chica

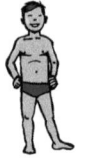

男孩

el chico

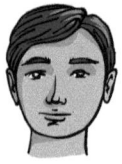

头

la cabeza

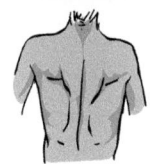

背部

la espalda

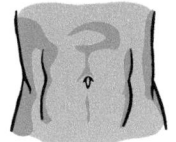

肚子

el vientre

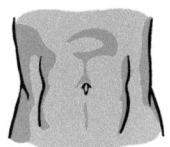

肚脐

el ombligo

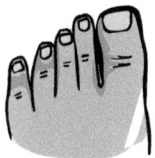

脚趾

el dedo del pie

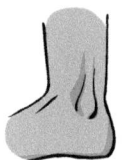

脚后跟

el talón

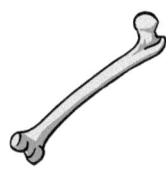

骨头

el hueso

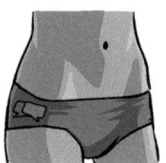

臀部

la cadera

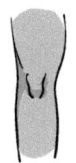

膝盖

la rodilla

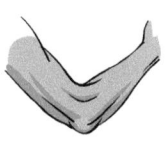

手肘

el codo

鼻子

la nariz

屁股

el trasero

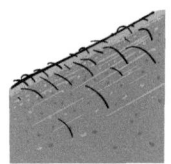

皮肤

la piel

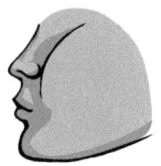

脸颊

la mejilla

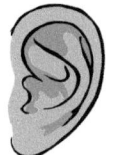

耳朵

el oído

嘴唇

el labio

身体 - el cuerpo

嘴
la boca

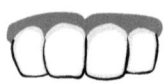

牙齿
el diente

舌头
la lengua

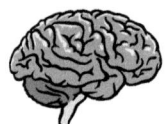

脑
el cerebro

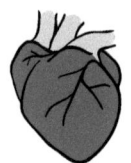

心脏
el corazón

肌肉
el músculo

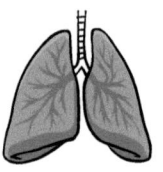

肺
el pulmón

肝脏
el hígado

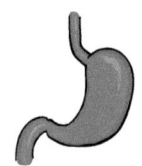

胃
el estómago

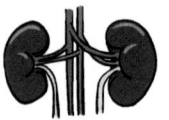

肾脏
los riñones

性交
el sexo

避孕套
el condón

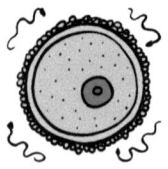

卵子
el ovario

精子
el semen

怀孕
el embarazo

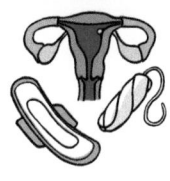

月经

la menstruación

阴道

la vagina

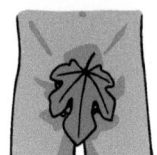

阴茎

el pene

眉毛

la ceja

头发

el pelo

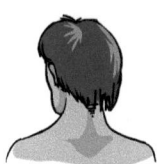

脖子

el cuello

身体 - el cuerpo

医院

el hospital

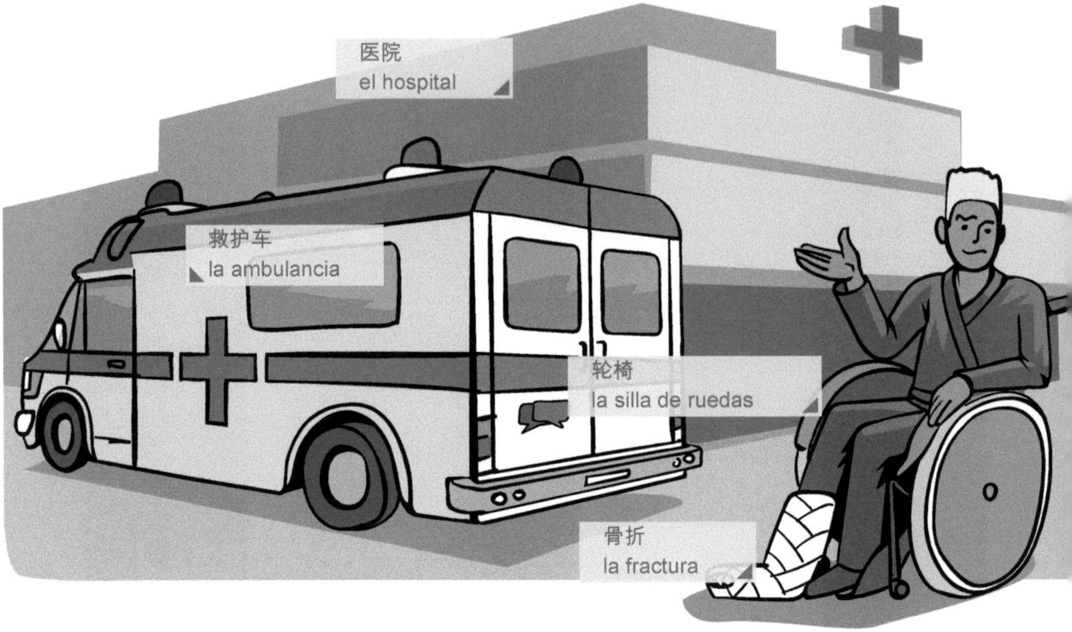

医院
el hospital
救护车
la ambulancia
轮椅
la silla de ruedas
骨折
la fractura

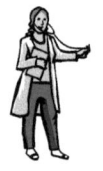

医生

el médico

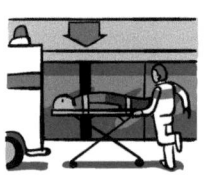

急诊室

la sala de urgencias

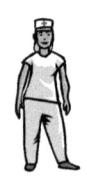

护士

la enfermera

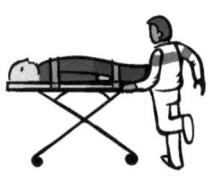

紧急情况

la urgencia

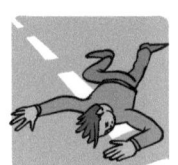

昏迷

inconsciente

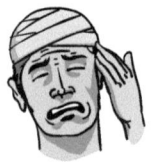

痛

el dolor

受伤

la lesión

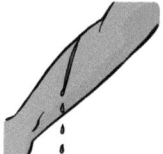

出血

la hemorragia

心脏病发作

el infarto

中风

el ictus

过敏

la alergia

咳嗽

la tos

发烧

la fiebre

流感

la gripe

腹泻

la diarrea

头痛

el dolor de cabeza

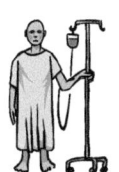

癌症

el cáncer

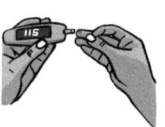

糖尿病

la diabetes

外科医生

el cirujano

手术刀

el bisturí

手术

la operación

医院 - el hospital

CT

TAC

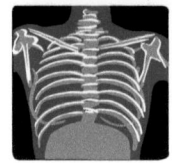

X光

los rayos x

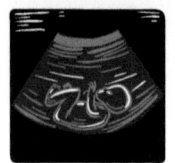

超声波

el ultrasonido

口罩

la mascarilla

疾病

la enfermedad

候诊室

la sala de espera

拐杖

la muleta

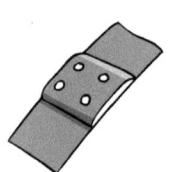

石膏

la tirita

绷带

la venda

注射

la inyección

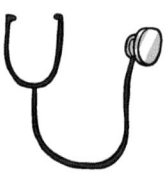

听诊器

el estetoscopio

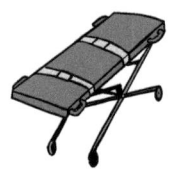

担架

la camilla

体温计

el termómetro

出生

el nacimiento

超重

el sobrepeso

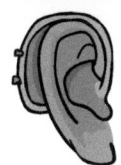

助听器

el audífono

消毒液

el desinfectante

感染

la infección

病毒

el virus

艾滋病

VIH / SIDA

药物

la medicina

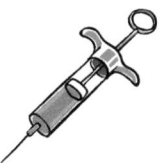

接种疫苗

la vacunación

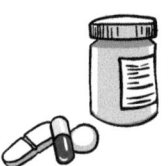

药片

las tabletas

药丸

la pastilla

急救电话

la llamada de urgencia

血压计

el tensiómetro

生病/健康

enfermo / sano

救命！

¡Socorro!

警报

la alarma

突击

el asalto

攻击

el ataque

危险

el peligro

紧急出口

la salida de emergencia

着火啦！

¡Fuego!

灭火器

el extintor de incendios

意外

el accidente

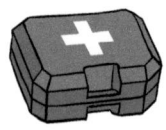

急救箱

el botiquín de primeros auxilios

呼救信号

SOS

警察

la policía

欧洲

Europa

北美洲

Norteamérica

南美洲

Sudamérica

非洲

África

亚洲

Asia

澳洲

Australia

大西洋

el atlántico

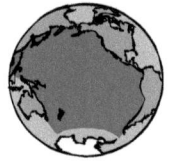

太平洋

el Pacífico

印度洋

el Océano Índico

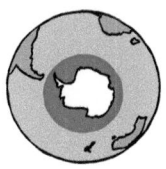

南冰洋

el Océano Antártico

北冰洋

el Océano Ártico

北极

el polo norte

南极
el polo sur

南极洲
La Antártida

地球
la tierra

陆地
la tierra

海
el mar

岛
la isla

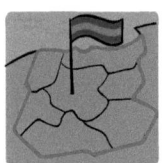

国家
la nación

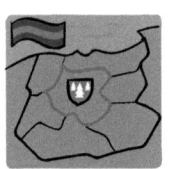

国家
el estado

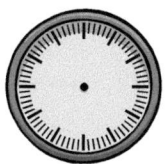

钟面

la esfera

时针

la manecilla de las horas

分针

el minutero

秒针

el segundero

现在几点？

¿Qué hora es?

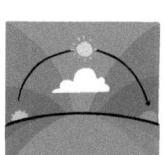

天

el día

时间

el tiempo

现在

ahora

电子表

el reloj digital

分

el minuto

时

la hora

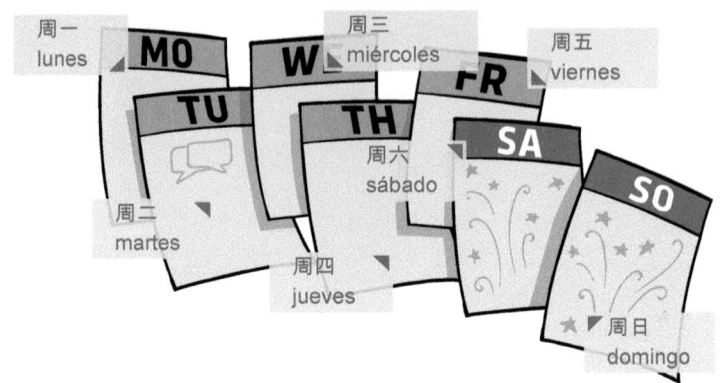

周一 lunes
周三 miércoles
周五 viernes
周二 martes
周四 jueves
周六 sábado
周日 domingo

昨天

ayer

今天

hoy

明天

mañana

早晨

la mañana

中午

el mediodía

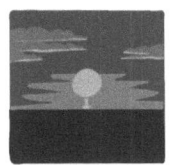

晚上

la tarde

工作日

los días laborables

周末

el fin de semana

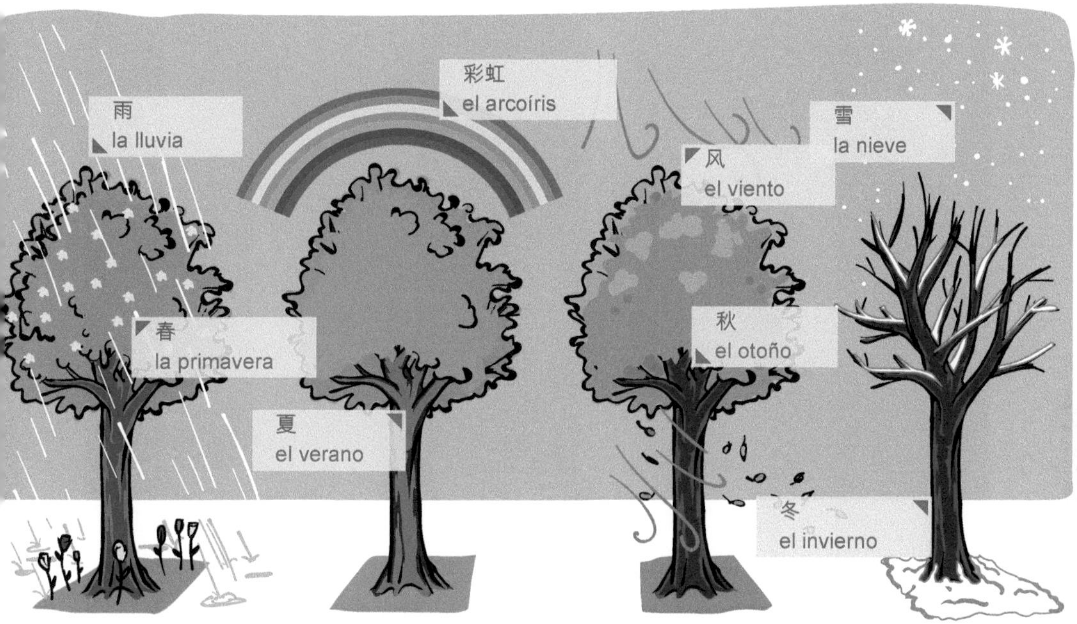

雨
la lluvia
彩虹
el arcoíris
雪
la nieve
风
el viento
春
la primavera
秋
el otoño
夏
el verano
冬
el invierno

4.APRIL 11°
5.APRIL 4°
6.APRIL 13°
7.APRIL 8°
8.APRIL 10°

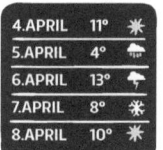

天气预报
el pronóstico del tiempo

F
C
120
90
60
30
0
-30
40
30
20
10
0
-10
-20

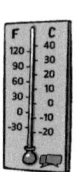

温度计
el termómetro

阳光
el sol

云
la nube

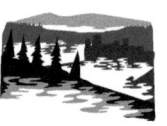

雾
la niebla

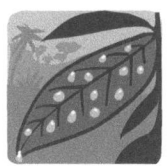

潮湿
la humedad

闪电

el rayo

打雷

el trueno

风暴

la tormenta

冰雹

el granizo

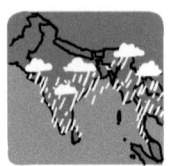

季风

el monzón

洪水

la inundación

冰

el hielo

一月

enero

二月

febrero

三月

marzo

四月

abril

五月

mayo

六月

junio

七月

julio

八月

agosto

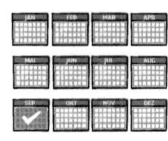

九月
septiembre

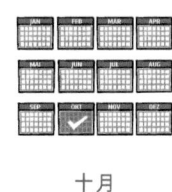

十月
octubre

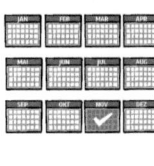

十一月
noviembre

十二月
diciembre

形状
las formas

圆形
el círculo

正方形
el cuadrado

长方形
el rectángulo

三角形
el triángulo

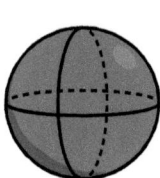

球体
la esfera

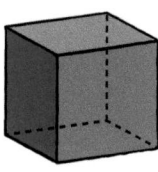

立方体
el cubo

白

blanco

黄

amarillo

橙

anaranjado

粉

rosa

红

rojo

紫

morado

蓝

azul

绿

verde

棕

marrón

灰

gris

黑

negro

很多/少许

mucho / poco

生气/平静

enojado / tranquilo

美/丑

bonito / feo

首/尾

principio / fin

大/小

grande / pequeño

明/暗

claro / oscuro

兄弟/姐妹

el hermano / la hermana

干净/肮脏

limpio / sucio

完整/缺失

completo / incompleto

白天/晚上

el día / la noche

死/生

muerto / vivo

宽/窄

ancho / estrecho

可食用/非食用

comestible / no comestible

邪恶/善良

malo / amable

兴奋/无聊

entusiasmado / aburrido

胖/瘦

gordo / delgado

第一/最后

primero / último

朋友/敌人

el amigo / el enemigo

满/空

lleno / vacío

硬/软

duro / blando

重/轻

pesado / ligero

饿/渴

el hambre / la sed

生病/健康

enfermo / sano

非法/合法

ilegal / legal

聪明/愚笨

inteligente / tonto

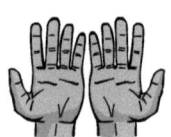

左/右

izquierda / derecha

近/远

cerca / lejos

新/旧

nuevo / usado

没有/有些

nada / algo

老/幼

viejo / joven

开/关

encendido / apagado

打开/合上

abierto / cerrado

安静/吵闹

silencioso / ruidoso

富/穷

rico / pobre

对/错

correcto / incorrecto

粗糙/光滑

áspero / suave

伤心/高兴

triste / contento

短/长

corto / largo

慢/快

lento / rápido

湿/干

húmedo / seco

温暖/凉爽

cálido / frío

战争/和平

guerra / paz

数字

los números

0

零
....
cero

1

一
....
uno

2

二
....
dos

3

三
....
tres

4

四
....
cuatro

5

五
....
cinco

6

六
....
seis

7

七
....
siete

8

八
....
ocho

9

九
....
nueve

10

十
....
diez

11

十一
....
once

12
十二
doce

13
十三
trece

14
十四
catorce

15
十五
quince

16
十六
dieciséis

17
十七
diecisiete

18
十八
dieciocho

19
十九
diecinueve

20
二十
veinte

100
百
cien

1.000
千
mil

1.000.000
百万
el millón

数字 - los números

语言

los idiomas

英语

el inglés

美式英语

el inglés americano

普通话

el chino madarín

印地语

el hindi

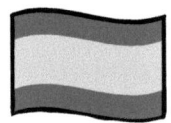

西班牙语

el español

法语

el francés

阿拉伯语

el árabe

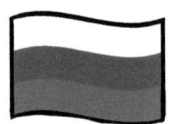

俄语

el ruso

葡萄牙语

el portugués

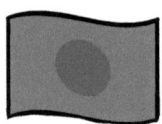

孟加拉语

el bengalí

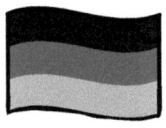

德语

el alemán

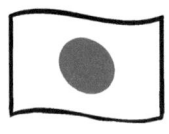

日语

el japonés

我

yo

你

tú

他/她/它

él / ella / ello

我们

nosotros/as

你们

vosotros/as

他们

ellos/as

谁？

¿quién?

什么？

¿qué?

怎样？

¿cómo?

哪里？

¿dónde?

什么时候？

¿cuándo?

名字

el nombre

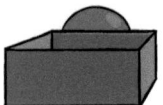

后面

detrás

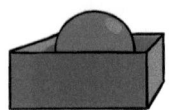

里面

en

前面

delante de

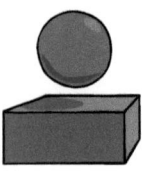

上方

por encima de

上面

sobre

下面

debajo de

旁边

junto a

中间

entre

地点

el lugar